AF276339

LA SABIDURÍA DE UN ALMA VIEJA
Y EL ENIGMA DE UN CUERPO JOVEN

LA SABIDURÍA DE UN ALMA VIEJA Y EL ENIGMA DE UN CUERPO JOVEN

GABRIELA SÁNCHEZ LINARES

Valparaíso
EDICIONES

VALPARAÍSO POESÍA

Diseño de interior y maquetación: Chari Nogales
www.charinogales.com @chari_nogales

Ilustración de portada: fcscafeine

Primera edición: mayo de 2025

© De los poemas: Gabriela Sánchez Linares

© Valparaíso Ediciones
   C/ Fray Leopoldo, 7 bajo, 18014 Granada
   www.valparaisoediciones.es

   ISBN: 979-13-87538-40-8
   Depósito Legal: GR 659-2025

   Impreso en España - *Printed in Spain*
   Gráficas Gami

El papel utilizado para la impresión de este libro está calificado como papel ecológico y procede de bosques gestionados de manera sostenible

LA SABIDURÍA DE UN ALMA VIEJA
Y EL ENIGMA DE UN CUERPO JOVEN

MONÓLOGO

¿Seré una hipócrita en opinar de mí misma como si ya
me conociese y en realidad aún me descubro?
Pues no lo sé.
Con 22 años me levanto en las mañanas
y me miro al espejo directamente a los ojos
como si de una amiga se tratase.
Mas solo se reflejan los ojos de una niña
que se encuentra perdida en la adultez.
Con amigos ya no hablo de estos temas
pues me miran raro o nos reímos a la vez.
Yo parezco que lo tengo todo controlado,
pero honestamente, he optado
por dejar que las cosas lleguen a su tiempo.
A veces la impaciencia es demasiada
y toca a mi puerta.
Mas no he de dejarla entrar.
Le gusta engañarme.
De mí, me habla mal.

AMOR PROPIO

A los 18 años me casé
con quien creía era el amor de mi vida.
Obviamente, con los años maduré
y me di cuenta de que
había perdido al amor de mi vida
por buscarlo en los ojos de mi esposo.
Esto no lo supe estando en el matrimonio.
Lo descubrí justo a tiempo,
después del divorcio.
Hoy lo traigo de la mano,
mi amor propio no se marcha,
no me desvela, no arrasa
con mis ideas creativas.
Se queda a mi lado
en esta y mis otras vidas.
Hoy, pase lo que pase,
me tengo a mí.

MATRIMONIO

Uno es muy joven para casarse.
Mis padres nunca se opusieron a nada.
Siempre fui una niña muy madura,
pero al final solo era una niña.
Nos amábamos mucho,
pero no teníamos los mismos objetivos.
El amor no es suficiente,
¿o sí?
Se acabó el amor entre nosotros.
Se le enfrió el amor.
Aferrada, me dolió.
Lo dejé ir, me liberó.

NO QUIERO SER GRANDE

Desde pequeñita
me molestó crecer.
Yo no lo quería,
pero es inevitable.
Cada día veo a esa niña,
pues su deseo vive dentro de mí,
y le digo: *cuánta razón tenías*,
pero no hay nada más que hacer.
¡No quiero ser grande!
Me dice molesta.
No hay nada que hacer,
esa es mi respuesta.

ANSIEDAD

Y de repente un día
ella a mi puerta tocó.
No sé cómo fue que entró,
pues yo no le abrí la puerta.
Ella es una bandida,
te engaña y te embelesa.
Y por no saber quién era
casi pierdo la cabeza.
Ahora que ya la conozco,
aseguré las entradas.
Ahora que ya la conozco,
no habrá más malas jugadas.

ESPERANZA

La vida no espera por ti.
El tiempo se va y no pide permiso.
Por eso yo aprendí a vivir,
sin enfocar los momentos negativos.
Hay que aceptar las cosas tal como son,
dejarlas pasar y ser como el sol.
Pues éste sale cada mañana,
hay días más grises,
pero siempre amanece.
El tiempo se nos va,
la vida se nos va,
pero tenemos el ahora,
y si no lo vives ya,
mañana, quizás,
no habrá.

FE

Fui una niña de fe,
y hoy soy una mujer
que lleva la fe en las venas.
No hay nada que me detenga
a largo plazo
por mucho que así quiera.
La resiliencia me la pongo
de labial cada mañana,
y la valentía es algo
que ya está en mí impregnada.
Con mi fe y mis valores,
todo lo puedo lograr.
Tarde o temprano, amores,
a mí me verán triunfar.

EL CHISTE DE LA VIDA

Cuando uno va creciendo,
se nos va yendo la gente.
Y cuando hay que llorar,
a veces no hay hombros cerca.
Cuando eres niño te dicen
que siempre estarán ahí.
Y la muerte a la distancia
se ríe mucho de ti.

NO ME ACUERDO

No me acuerdo de mi niñez.
Hay un par de recuerdos,
pero la línea de tiempo
está borrosa y no sé.
¿Cuándo murió mi abuela?
Mi cerebro lo borró.
Solo me acuerdo que me decían
que se había ido al campo.
Fui creciendo,
y no recuerdo
que me dijeran que murió.
Supongo que yo lo asumí,
pero la conversación
nunca sucedió.

NO ME DA LA CUENTA

El pasado creó
la persona que hoy eres.
Vives el día a día
a veces por pura inercia.
Apuestas por el futuro
de manera inconsciente.
Y así como tú,
la sociedad hace lo mismo.
No sé si está bien o mal,
quizás soy aún muy pequeña.
Pero algo me sabe mal,
no me dan todas las cuentas.

TIEMPO

A veces me agobia
la velocidad del tiempo,
y es algo que mis amigos
no comentan
ni parece preocuparles.
Me pasa solo cuando me descentro.
Quizás ellos siempre están
como la tierra en su eje,
pero mi cabeza siempre da vueltas,
mi cabeza siempre busca respuestas.

A LA MÚSICA

Hubo tiempos de oscuridad,
de neblina y tempestades.
Pasaron años y yo
pensé nunca ver salida.
La música siempre fue
para mí una gran amiga.
Nunca me abandonó,
y hoy continúa aquí.
Es increíble cómo
sus letras y melodías,
me ayudaron en momentos
de ansiedad y depresión.
La música,
mi más fiel amiga.
La música,
mi más fiel amor.

CUANDO SEA GRANDE

Cuando era una niña
quería hacer mil cosas cuando fuera grande.
Maestra, bailarina, pero nada era mi vocación.
Un día de repente, pensé:
"Cuando sea grande
quiero ser escritora.
Cuando sea grande
voy a escribir."
Ahora aquí estoy,
queriendo hacer mil cosas más,
pero la escritura de mi lado no se va.
Escribo poemas
para todo el que se acerca a mi vida.
Regalo mis versos
porque con ellos me abastecería
de alegrías y de abrazos,
sino fuese por la distancia
que hay entre mi persona
y unos cuantos que hoy extraño.
Con mis versos voy regalando sonrisas.
Al menos ese es mi objetivo,
eso era lo que quería de niña.
"Cuando sea grande,
voy a ser escritora."
Hoy que estoy aquí,

el sueño de esa niña
quiero cumplir.

ESTOY VIVA

Se me hace un nudo en el corazón
cuando me impaciento,
cuando no sé qué siento,
cuando siento y no sé qué.
Pierdo la razón
cuando la paciencia me abandona,
cuando algo me emociona,
cuando algo me ensalza y me encabrona.
Llega la ansiedad
cuando pierdo la paciencia,
cuando pierdo la inocencia,
cuando no sé qué hacer con pasadas experiencias.
Se va la ansiedad
cuando acepto que no puedo,
cuando acepto que o espero
o me vuelvo loca, pero…
El ciclo se repite
y hace que mi corazón palpite.

RECIÉN GRADUADA

Ya terminé.
Ya me gradué.

Mentiras.
Este es el verdadero comienzo.

Ahora me toca caminar por este sendero,
donde las huellas las voy marcando yo
y nadie sabe hacia dónde me dirijo.
Muchas veces, no lo sé ni yo.

22

En mi cumpleaños
melancólica me sentí.
Debe ser la niña dentro de mí
que nunca quiso crecer.
Ya son veintidós años
y es inútil sentirme así,
pues el tiempo siempre pasa,
no pide permiso,
él arrasa.
Así que voy a disfrutarlo
y crecer porque no hay opción.
Mas la niña en mi interior
siempre añora con que un día
el tiempo se equivoque
y me regale un momento
en el que la vida perdone.

DIVORCIO

Se cierra un ciclo
que ya había acabado,
todo debía quedar firmado.
Y ahora que estamos desatados
ni siquiera la gravedad
consigue mantenerme en el suelo.

EN MI CABEZA

A veces estoy tan metida
dentro de mi cabeza,
que no escucho lo que pasa
a mi alrededor.
No sé si tacharlo de virtud
o de torpeza.
No sé qué pasa
cuando pienso tanto
en mis propias asperezas.

GABRIELA

Hay una tendencia entre las personas de esta sociedad
que me hizo recordar por qué nunca sigo modas.
Y es que es más fácil ignorar, bloquear y borrar
que simplemente hablar.
Y yo nunca voy por el camino más fácil.
No es que me guste complicarme,
pero me gusta hacer las cosas bien.
Y en principio, siempre salgo mal,
pero a la larga sé que estaré bien.
Y solo así podré encontrar a quien me aprecie de verdad,
como Gabriela, con toda la intensidad.

GRACIAS DIOS

Hoy lo digo así
aunque me dio vergüenza reconocerlo.
Sí, es así,
a veces despertaba y pedía a Dios
los ojos no volver a abrir.
Luego me arrepentía,
culpable me sentía
porque no quería estar en la mierda,
pero tampoco sabía salir de ahí.
Él nunca me abandonó
y sigue aquí conmigo.
Él me sacó del abandono
que sentí por mí misma.
Él me hizo ver
el valor de la vida.

ABUELO

Hace unos años
te tuviste que marchar,
y aún recuerdo los juegos,
las risas y los silencios.
A veces escucho música
y me acuerdo de ti.
Contreras siempre tendrá
un sonido único para mí.
Ahora lo escucho
y solo puedo sonreír
porque sé que donde estás,
tú también lo escucharás.

SOLA PERO ACOMPAÑADA

La lluvia es ideal
para dormir acompañada,
y yo me acompaño
del sonido de los truenos,
de la luz de los relámpagos.
Estoy sola a nivel físico,
mas emocionalmente rebosante.
Con el amor de Dios,
siempre salgo hacia adelante.

MIEDO PARALIZANTE

Quien tenga miedo
a hacer el ridículo
o al qué dirán
está sentenciado
a quedarse donde está.
Porque no hay crecimiento
si no te mueves de tu puesto,
si no rompes tus cimientos.
Quedarte donde estás
por el miedo de algo más,
es destinarte a ti mismo a fracasar.
Pero no te desanimes
porque hay un momento de acción
en el que tienes que elegir
si crees que donde estás te hace bien,
o si realmente te quieres mover.
Y si el miedo te paraliza,
yo lo siento mucho por ti,
porque no lograrás
lo que quieras cumplir.

VAS MUY RÁPIDO

Eres imparable.
Siempre estás conmigo
pero siempre te vas.
¿Cómo puedes estar
en dos sitios a la vez?
Mañana no serás el de hoy,
y hoy ya no eres el de ayer.
Tiempo,
espera por mí.
Vas muy rápido,
ya no puedo correr tras de ti.

CAMBIANDO CERROJOS

La ansiedad nubló mi vida,
era como una telaraña pegada a mis ojos.
Pero hace un tiempo salió de ida,
y aproveché para cambiar los cerrojos.
A veces toca a mi puerta,
en momentos de tentación.
Me asusta y mi abdomen revuelca,
pero yo me entrego a la oración.
Cuando toda mi fe deposito,
en mi gran sanador,
la ansiedad se marcha de nuevo
y yo, vuelvo a ser yo.

SOLEDAD Y COMPAÑÍA

Tras un año de soledad
me he dado cuenta de muchas cosas.
No vale de nada tener compañía,
cuando no sabes qué hacer si estás sola.
Las personas no están para quedarse,
las personas están para acompañarnos,
y nosotros acompañarles.
Y por eso, a veces, toca decir adiós,
y solo nos quedamos
con nosotros mismos.
¿Y qué hacemos
si es que no sabemos estar solos?
Toca amarnos primero.
Toca conocernos primero.
Y ya luego
buscar esa compañía
que aprecie nuestra soledad,
que aprecie nuestras alegrías.

EN ESO CRECÍ

A veces me recubre una desesperación
cuando no puedo evitar una discusión,
y cuando no me toca pedir perdón,
y cuando yo tampoco lo recibo.
Y cómo crecer de una discusión,
si nadie reconoce que lo hizo mal.
Sé que perfecta no soy, ni seré,
pero no puedo tomarla con otro,
cuando estoy mal con aquel.
Y sin embargo,
en eso yo me crié.
Mas sin embargo,
eso no lo elijo.
Eso no lo haré.
Eso no está en mí,
aunque en eso crecí.

MI PADRE CELESTIAL

Cuando me molesto con mis padres
no tengo a quién abrazar.
Cuando me molesto con mis padres
solo me queda rezar.
Cuando me molesto con mis padres
hablo con mi padre celestial.
Y le pido desde el fondo de mi alma
que me abrace y no me vaya a abandonar.

MIS PADRES

Cada año que pasa
mis padres se hacen más viejos.
Pero yo soy capaz de ver
los niños que una vez fueron.
Ese espíritu infantil
es el que los mantiene jóvenes,
y, aunque hay estrés y ansiedades,
ellos siempre sobresalen.
Yo siempre los apoyo
cuando ese espíritu sale
porque cuando ellos no estén,
en mí estarán sus ideales.
Cuando me toque vivir
la vida sin ellos al lado,
recordaré sonreír
acordándome de sus abrazos.
Recordaré vivir
aunque ya no estén en mis brazos.

LA VIDA ES RARA

La vida es rara,
ésta nunca para.
No importa qué tan viejo estés,
nunca sabrás lo que te depara.
La vida nunca deja de sorprenderme.
A veces me pregunto a solas,
qué hacer o cómo ponerme
lo más cómoda posible
para recibir lo que venga:
el destino impredecible.
La vida
va de mano de lo incomprensible.
Yo la veo con todos sus colores,
incluso los más tristes y grises.

FRUSTRACIÓN

La frustración
es ese deseo que no parece tener solución,
al menos no de manera inmediata.
La frustración
es esa sensación
que nos deja envenenados
la mente y el corazón.
Cuando la paciencia se marcha,
la frustración es esa sensación
que nos deja desganados
cuando no vemos rápidos resultados.
Es ese sentimiento
de querer tenerlo todo
pero no poder lograrlo
en ese preciso instante.
La frustración es una ignorante,
rechaza a la lógica.
Pues aunque tus deseos
sean posibles en un futuro.
La frustración se asegura
de tus ojos vendar,
y no te deja observar
más allá de su propio muro.

EL AMOR DESPUÉS DE UN DIVORCIO

El amor después de un divorcio
parece difícil de encontrar.
Al menos ese que nos venden
en las películas románticas.
Y eso pensaba yo
cuando mi relación terminó.
Pero con el paso del tiempo aprendí,
que el amor no se busca;
no,
él te encuentra a ti.
Esta es mi historia:
Después de dos años
de ansiedad y depresión,
el amor propio me encontró.
Me revolvió el alma,
en una loca me convirtió.
Yo bailaba y bailaba,
nada me paraba.
Tras un par de meses,
pude redescubrir mi amor hacia Dios.
Ese siempre es recíproco.
Gracias vida.
Gracias Dios.
Y a pesar de estar sola,
estoy repleta de amor.

A LA NATURALEZA

A la naturaleza yo le escribo este poema
porque ella es madre de mi madre
y abuela de mi abuela.
A la naturaleza amo y por eso le escribo
porque ella es padre de mi padre
y amiga de mis amigos.
A la naturaleza amo porque siempre está conmigo,
es Dios hecho algo tangible.
Es pura, sincera, y a veces un poco dura.
¡Ay naturaleza!
Ojalá cantarte una canción,
pero no sé qué música sería mejor
que el sonido de las olas,
o la melodía de la brisa
que siempre me saca una sonrisa.
¡Ay naturaleza!
No tienes comparación,
pero espero te guste mi poema
pues te lo escribo desde el corazón.

MIS OBRAS COMPLETAS

Cuando me siento abrumada
de tanta contaminación social,
escribo desde mi almohada
y me centro en lo espiritual.
No quiero pasar las horas
por las redes sociales
porque en vez de conectarme,
solo consiguen enredarme.
Por eso cuando me aburro,
abro mi libreta
y en ella escribo
todas mis obras completas.

MALAS SENSACIONES

La desesperación,
la impaciencia,
y la frustración
se dieron la mano un día.
Juntas hicieron un plan
para acabar con mi armonía.
Casi lo consiguen,
casi ellas me enredan.
Pero Dios no me abandona,
Él siempre está ahí
en las malas y en las buenas.
Y por eso soy capaz
de ver todas mis bendiciones,
y dejar de lado
esas malas sensaciones.

MIS RAZONES

Escribo
porque si no escribo exploto.
Escribo
porque si no me alboroto,
mis sentimientos afloran
sin que sea primavera
y cuando el frío las toca,
las flores se hacen arena.
Cuando escribo el sol sale,
la luna siempre está llena.
Cuando escribo mis flores saben
que se acerca la primavera.
Y si por casualidad
paso un día sin escribir,
mi río se desborda por mis ojos,
mis ojos se tornan marchitos,
mis volcanes salen por mi voz,
y yo busco perderme en el infinito.

EL BUEN CAMINO

Con el paso de los años aprendí
que la vida te da un giro en cuestión de minutos.
Quien pensabas que iba siempre a estar ahí,
mañana te abandona por un futuro distinto.
Hay que aprender a recibir estos golpes del destino,
que más que golpes son señales del camino
que nos hacen pasar por diferentes senderos,
por esos que no caminaríamos si estuviésemos con aquellos.
Por eso hoy yo no me apego a la gente,
sé que la familia real no es de la sangre,
ésta se siente.
Y a veces me veo rodeada de gente muy conocida,
pero hay sensaciones raras que no me dejan estar
tranquila.
Y a veces me pregunto de quién estoy rodeada.
¿Por qué parece que mis bendiciones
a ellos no les agradan?
Y de esa gente quiero alejarme lentamente,
y lo consigo pero duele, me va quemando la mente.
Porque muchos de esos
antes fueron mis amigos,
y todavía me pregunto si algún día
el cielo, que fue testigo,
me dejará saber
si fui por el buen camino.

CUANDO NADIE CREE EN MÍ

A veces tengo unas ideas muy locas
y cuando las cuento,
a la gente le choca.
Ellos sonríen,
pero yo puedo ver
que dudan de lo que soy capaz de hacer.
A veces nadie cree en mí,
y ahí es cuando más me apuesto.
Porque al final les demuestro
que sí puedo,
y por eso crezco.

NO SÉ

Yo no sé
si mis sueños se cumplirán mañana.
Yo no sé
si existen los duendes o las hadas.
Yo no sé
a veces ni lo que yo siento.
Yo no sé
si soy la misma cuando me levanto
o cuando me acuesto.
Yo no sé
un montón de cosas.
Pero sé
que la vida dura solo un rato.
Por eso, aunque escriba estos versos,
yo sé que no importan
las cosas que aún no sé.
Porque si me importaran,
yo no podría vivir bien.
Y eso sí lo sé.

SER VALIENTES

La felicidad no se ve,
ésta se siente.
Se respira en el viento,
y si eres valiente
la llevas siempre puesta
a pesar de rayos y tormentas.
Y dirás: *¿Valiente? ¿Por qué?*
Pues amigo mío,
hay gente muy triste que a la felicidad odia.
Y cuando la lleves puesta,
esa gente buscará una respuesta
para responder la pregunta que nadie les preguntó.
Para molestar,
y hacer que todos sientan la tristeza
que ellos llevan siempre en su cabeza.
Y en esos instantes cuando te quieran descentrar,
tú abrázalos fuerte,
la vida te va a premiar.

ÍNDICE